PÉTITION

A LA CHAMBRE DES DÉPUTÉS.

ATTENTATS COMMIS

SURTOUT DEPUIS LE TRAITÉ DU 29 OCTOBRE 1840,

PAR ROSAS OU SES AGENTS

CONTRE LES PERSONNES ET LES PROPRIÉTÉS FRANÇAISES,

ET DÉNONCÉS A LA FRANCE

PAR 22 RÉCLAMANTS.

IMPRIMERIE

DE HENNUYER ET TURPIN, RUE LEMERCIER, 24.

BATIGNOLLES.

1845

A MESSIEURS

DE LA CHAMBRE DES DÉPUTÉS.

Messieurs,

Les déprédations exercées contre nos nationaux sur le territoire de la République Argentine ont à diverses reprises attiré l'attention de la Chambre. De nombreuses réclamations, appuyées de preuves irrécusables, ont fait connaître au gouvernement du roi des actes de la plus révoltante iniquité.

Depuis plusieurs années il n'existe plus, pour les résidents français, non pas seulement dans la province de Buenos-Ayres, mais dans les pays circonvoisins, partout où Rosas peut étendre sa domination ou faire pénétrer ses hordes dévastatrices, de sécurité ni pour les personnes ni pour les propriétés ; les exemples à vous citer ne nous manqueront pas.

En invoquant votre protection éclairée, messieurs, tant pour nous-mêmes qu'en faveur de nos infortunés compatriotes, qui ne peuvent en ce moment joindre leurs plaintes aux nôtres, ce ne sont pas seulement des intérêts individuels que nous prenons la liberté de vous recommander, quelque dignes qu'ils puissent être de votre sollicitude ; ce n'est pas seulement la cause de la justice et de l'humanité que nous entreprenons de plaider devant vous ; ce sont, en même temps, les intérêts matériels de la France, ceux de son commerce, gravement compromis, dont nous venons vous supplier de prendre aussi la défense.

On tomberait dans une grande erreur, messieurs, si l'on méconnaissait l'influence qu'exerce sur le développement de notre commerce extérieur le nombre de nos nationaux qui vont s'établir à l'étranger. Non-seulement ils emportent des goûts et des habitudes qui partout leur font donner la préférence aux productions de leur terre natale, mais ils propagent ces goûts dans les pays qu'ils fréquentent ; ils contribuent ainsi à accroître la consommation des

1

produits du sol et des fabriques de la France, en même temps que l'activité de sa navigation.

Quel exemple plus frappant peut-on vous en offrir que ce qui se passe dans les contrées riveraines de la Plata?

Personne n'ignore dans quel isolement la politique inquiète et jalouse de l'Espagne maintenait ses colonies : toutes relations avec les autres pays leur étaient sévèrement interdites. La métropole exerçait le monopole le plus rigoureux ; en sorte que, quand l'Amérique espagnole leva l'étendard de l'indépendance, ses habitants ne consommaient que les produits de l'Espagne, qu'on leur faisait payer au poids de l'or, bien qu'ils fussent de qualités inférieures et fournis avec une grande parcimonie. Aussi, dans les maisons riches, voyait-on l'argent employé en profusion aux usages les plus grossiers, tandis qu'on y était dénué de la plupart des objets qui, même pour de médiocres fortunes, constituent aujourd'hui l'indispensable nécessaire.

Il faut, dans tout état de cause, du temps pour modifier les goûts d'un peuple et lui faire adopter de nouvelles habitudes. La lutte opiniâtre que les nouveaux États eurent à soutenir contre la mère-patrie, leurs dissensions intestines retardèrent encore l'établissement des relations régulières entre l'Europe et l'Amérique méridionale; mais aussitôt qu'un commencement d'organisation ramena une apparence d'ordre et de sécurité, le développement rapide que prit le commerce européen dans ces contrées en révéla les immenses ressources. Nous y trouvions d'importants débouchés pour les produits de notre sol et de notre industrie; des retours en matières premières utiles à nos fabriques et un aliment à notre marine marchande.

Peu de mots vous mettront à même de juger, messieurs, de l'accroissement extraordinaire que prenait, sur les rives de la Plata, notamment dans l'État oriental, le commerce français, et de l'avenir qui s'ouvrait devant lui, quand un homme, qui semble s'être donné pour mission de dominer dans le désert et sur des ruines, a violemment arrêté cet essor et porté la dévastation et la misère dans de vastes régions où la nature semble s'être plu à rassembler tous les éléments de prospérité.

Il y a dix ans, le nombre des navires français qui fréquentaient le port de Montevideo s'élevait, année moyenne, de 25 à 30. Dans ce nombre, il était extrêmement rare qu'il arrivât un bâtiment entièrement chargé de vins de France. La population indigène avait, de temps immémorial, contracté l'habitude des gros vins de Catalogne, connus dans le pays sous le nom de vins de Carlon, et qu'amenaient des navires sardes.

En 1839, il entra dans le port de Montevideo 48 bâtiments français et il en sortit 45, dont le tonnage moyen était de 186 tonneaux.

Des gens intéressés à contester les causes réelles de la prospérité de Montevideo attribuèrent alors l'accroissement qu'avait pris, dans ce port, à cette époque, le commerce français au blocus de Buenos-Ayres. Ils ne tardèrent pas à recevoir un solennel démenti. En 1842, deux ans après la levée du blocus, il est entré dans ce même port 97 navires français, et il en est sorti 98, d'un tonnage moyen de 210 tonneaux.

L'importance du commerce français à Montevideo avait donc plus que triplé en sept ans. Elle avait doublé dans les trois dernières années, si l'on compare seulement le nombre des navires ; et, si l'on tient compte de la différence du tonnage, l'augmentation réelle, dans cette courte période, du mouvement de notre navigation sur ce point du globe s'élevait à la proportion de 128 pour 100.

Mais une considération qui ajoute à ces résultats une importance immense pour notre pays, c'est que sur 97 navires entrés en 1842, 21 bâtiments chargés de vins provenaient du seul port de Bordeaux, tandis que sept ou huit ans plus tôt l'arrivée d'une cargaison complète de vins de France était un fait exceptionnel.

Lorsque de toutes parts on signale la détresse de nos départements vinicoles, ne serait-il pas déplorable de perdre un semblable marché ? N'en est-il pas de même pour notre marine marchande ? Combien compte-t-on, dans le monde connu, de ports où se rendent annuellement cent navires français, qui y trouvent le placement de leurs cargaisons, et, en retour, du fret et des chargements avantageux ?

Et l'on ne peut pas se tromper, messieurs, sur la cause principale de cet accroissement si rapide de notre commerce dans la république de l'Uruguay ; il est dû évidemment à l'augmentation de la population française, car il en a suivi les progrès. De 1836 à 1838, on comptait sur le territoire de la Bande Orientale, de 4 à

5,000 résidents français ; le nombre s'en était élevé en 1842 à 15
ou 16,000, et notre commerce sur ce point avait plus que triplé.

Un exemple aussi frappant peut-il laisser le moindre doute sur les
importants avantages que présente à notre commerce l'émigration
d'un petit nombre de nos nationaux ? 15 à 20,000 ouvriers ou
artisans qui quittent la France pour aller chercher fortune à l'é-
tranger, ne laissent pas chez nous un vide sensible : transportés
dans un pays comme la province de Montevideo, en peu de temps ils
en eussent fait, en quelque sorte, une colonie française ; ce mode de
colonisation est sans contredit, messieurs, celui qui mériterait le plus
d'être encouragé, car il ne coûte rien à la mère-patrie, et il est
également avantageux au pays d'où viennent les colons et à celui
qui les accueille.

Il est, nous le savons [1], des personnes, dont nous ne suspectons
pas les intentions, mais qui, ne pouvant ou ne voulant pas étendre
leurs vues au delà du cercle rétréci des intérêts individuels, et comp-
tant pour rien les avantages que quelques émigrants peuvent pro-
curer à la mère-patrie par l'impulsion qu'ils contribuent à donner
au développement de son commerce, ne voient dans un Français
partant pour le Nouveau-Monde qu'un homme à la recherche de
moyens de faire fortune plus rapidement qu'il ne le pourrait dans
son pays, et qui en concluent qu'il doit le faire à ses risques et périls, que son gouvernement ne lui doit nulle protection.

Si un principe aussi erroné pouvait prévaloir, notre commerce
extérieur, au lieu d'opérer avec confiance sous l'égide des garanties
que devrait lui offrir l'appui d'une puissance de premier ordre
comme la France, se verrait à la merci de tous les gouvernements

---

[1] Cette colonisation, si profitable à la France, a cependant besoin, pour se soutenir, d'une certaine protection, et celle que nous réclamons est renfermée
dans les limites les plus étroites du droit des gens, de la raison et de l'équité.
Que l'émigrant se transporte et s'établisse à ses frais et à ses risques, rien de
mieux ; mais qu'une fois établi sous la sauvegarde des lois du pays, le Français,
soumis à ces lois, supportant toutes les charges légales, se tenant à l'écart des
débats politiques, jouisse de quelque sécurité pour sa personne et ses propriétés ; qu'il ne puisse être arbitrairement privé de sa liberté, mis à mort, dépouillé du fruit de son travail ; qu'il ne soit pas livré à la merci du premier despote
qui voudra violer à son égard, non-seulement la loi écrite de son propre pays,
mais encore toutes les lois divines et humaines. Les actes de spoliation et de per-
sécution commis pas Santa-Anna au Mexique, et par Rosas à Buenos-Ayres, ne
justifient que trop un semblable vœu, car ils démontrent qu'il n'est point d'excès
dont les hommes de cette trempe ne soient capables envers des étrangers dépourvus
d'une suffisante protection.

étrangers, même de ceux qui, à l'exemple de celui actuel de Buenos-Ayres, ne respectent rien, et font ressource des plus scandaleuses spoliations dès qu'ils croient pouvoir les commettre impunément. S'il en devait être ainsi, à quoi bon des consuls et des agents commerciaux ? Si ces agents ne peuvent offrir à leurs nationaux une protection efficace, leur impuissance ne sera-t-elle pas la cause d'humiliations incessantes, non-seulement pour eux-mêmes, mais encore pour le gouvernement qn'ils représentent?

D'ailleurs, messieurs, sans une certaine sécurité, peut-il exister des relations de commerce régulières et de quelque importance? Non, sans doute. Toute la question est donc de savoir si chez nous l'on tient ou non au commerce extérieur; si l'on veut entretenir et développer les marchés avantageux que nous offrait le Nouveau-Monde, ou s'il faut les abandonner ; car, quand nous aurons fait passer sous vos yeux le tableau succinct et rapide des actes de violence et de spoliation exercés contre plusieurs d'entre nous, vous concevrez que peu d'hommes soient assez aventureux pour tenter des spéculations accompagnées de semblables dangers.

Pour expliquer le refus de protection dont nos nationaux ont tant à souffrir sur les rives de la Plata, on les représente encore comme s'immisçant volontairement dans les luttes politiques.

Daignez croire, messieurs, qu'en s'éloignant momentanément de leur pays, vos compatriotes n'y oublient pas leur jugement et leur intelligence. Il n'est pas un de nous qui n'apprécie d'autant mieux qu'il les a vus de plus près les inconvénients et les périls d'une participation quelconque à ces déplorables débats, où tout est sacrifices et dangers sans compensations pour l'étranger réduit à y prendre part. Si donc on a vu des Français prendre les armes à Montevideo, ils l'ont fait à regret, en cédant à une nécessité impérieuse, et en obéissant à l'appel de leurs propres autorités. Nous ne venons pas ici discuter des théories, nous répondons par des faits notoires à une accusation dénuée de fondement.

Au mois de septembre 1838, Rosas lança ses bandes sauvages, dirigées par son digne lieutenant Échaguë, sur l'État Oriental, qui avait ouvert ses ports à nos escadres employées au blocus de Buenos-Ayres. Les proclamations du chef de ces hordes menaçaient tout ce qui était français de ruine et d'extermination ; et, joignant l'effet à la menace, quelques malheureux Français inoffensifs , qui étaient tombés entre ses mains, avaient été dépouillés et lâchement assassinés.

Les agents de la France, d'accord avec le chef de nos forces navales, se concertèrent avec le gouvernement local pour pourvoir à la défense commune. L'amiral Leblanc fit débarquer 400 marins des équipages de la flotte pour tenir garnison à Montevideo ; mais, comme cette force eût pu être insuffisante, un appel fut fait aux résidents français. En quarante-huit heures, 1,500 hommes environ répondirent à cet appel. L'amiral leur fit distribuer des armes ; ils s'organisèrent en milice urbaine, sous le commandement de deux officiers supérieurs de l'escadre. Pendant tout le temps que la garde de la ville fut confiée aux Français, l'ordre le plus parfait ne cessa de régner ; on n'eut pas à leur reprocher un seul acte répréhensible ; et quand, au bout de quatre mois, l'armée ennemie eut été dissipée, que leurs services ne furent plus jugés nécessaires, à la voix de leurs chefs ils rapportèrent les armes qui leur avaient été confiées, et retournèrent tous à leurs paisibles travaux, accompagnés par la reconnaissance publique, seule récompense qu'ils eussent obtenue et ambitionnée.

Est-ce là, messieurs, la conduite d'hommes turbulents, prenant part sans motifs et de gaieté de cœur à des agitations politiques auxquelles ils auraient dû demeurer étrangers ?

Si l'on veut remonter avec impartialité à la source des événements qui ont déterminé, il y a deux ans, les résidents français à Montevideo à prendre les armes qu'ils n'ont pas quittées depuis, on demeurera convaincu que cette prise d'armes a eu lieu dans des circonstances analogues à celles de 1838. Oribe, en envahissant de nouveau la Bande Orientale, proféra les mêmes menaces que son prédécesseur Echagüe ; les Français qui tombaient entre ses mains n'étaient pas seulement massacrés sans miséricorde, mais horriblement torturés.

Le consul-général de France, M. Pichon, alarmé de ces menaces et de ces actes de férocité, fut le premier à exciter les Français à prendre les armes pour leur légitime défense : il les convoqua solennellement, au mois de février 1843 ; il constitua, sous sa présidence, un comité chargé de les organiser ; il désigna les postes, il fit disposer à ses frais des signaux ; en un mot il provoqua une démonstration qui, en achevant de compromettre, vis-à-vis d'Oribe,

la population française, ne lui permettait plus de faire un pas rétro-
grade sans des garanties positives. Quand peu de temps après, sans
que rien eût pu expliquer le changement qui s'était opéré dans la
manière de voir de M. le consul, il exigea que les Français quittassent
les armes, ils l'auraient fait, certes, avec autant de satisfaction que
d'empressement, pour peu qu'on leur eût offert des garanties réelles
d'être, pour eux et leurs familles, à l'abri des vengeances cruelles dont
ils étaient menacés. Veuillez, messieurs, vous faire représenter la
convention conclue à ce sujet entre M. le consul-général et Oribe, et
que l'on dise si ce n'était pas une amère dérision ; si, après avoir,
au début, admis le principe de la sécurité des personnes et des propriétés, ce dernier ne concluait pas par des réserves qui rendaient
ces stipulations plus qu'illusoires ; car ses réserves exprimaient l'in-
tention manifeste de se ménager la faculté de considérer comme non
avenus les engagements favorables à la population française. Or si,
trompés par ces promesses fallacieuses, nos compatriotes se fussent
laissé désorganiser, une fois isolés et désarmés, rien ne les eût sous-
traits à l'aveugle et féroce animosité de Rosas et d'Oribe.

Au reste, une convention, quelles qu'en pussent être les conditions, si elles n'eussent pas été appuyées par la force, n'eût, avec de
tels hommes, offert aucune sécurité ; un seul fait entre mille vous
mettra dans le cas d'apprécier la manière dont ils respectent la foi jurée.

Durant la guerre civile qui, postérieurement au blocus, se pro-
longea dans les provinces intérieures de la République Argentine,
un petit corps du parti unitaire, commandé par le colonel Borda, fut
atteint par l'armée d'Oribe. Après s'être vaillamment défendu, re-
connaissant l'infériorité de ses forces, mais pouvant encore vendre
chèrement sa vie, Borda consentit à capituler. Oribe fut très-cou-
lant sur les conditions d'un contrat qu'il était d'avance résolu à
violer. Dès que le corps de Borda eut déposé ses armes, Oribe fit
massacrer ses malheureux prisonniers ; et, après avoir fait saler les
oreilles de leur chef, il en fit hommage à la fille de Rosas.

Si nous sommes bien informés, les commissaires envoyés dans la
Plata, à bord du *Gomer*, pour les explorations relatives au service
projeté des paquebots transatlantiques, ainsi que les officiers de ce
navire, lorsqu'ils furent présentés à la fille du dictateur, ont dû
voir cet odieux trophée étalé dans une assiette de porcelaine sur
une console de son salon.

Après des actes de cette nature, peut-on sérieusement faire à nos nationaux un reproche de n'avoir pu se résoudre à laisser leur existence et celle de leurs familles à la merci de pareils hommes? Quand ils eurent acquis la certitude que les autorités françaises ne pouvaient leur assurer une protection efficace, pouvaient-ils abandonner le soin de leur propre défense? Leur admirable conduite dans cette lutte, messieurs, prouve que ce soin est l'unique considération qui leur ait mis, et qui leur maintienne les armes à la main. Depuis deux ans, c'est la légion française qui constitue la force principale de Montevideo; il eût dépendu d'elle d'y dominer; parfois elle eût pu s'y croire intéressée; cependant des changements ont eu lieu dans les autorités, dans le gouvernement même, sans qu'elle ait jamais cherché à y exercer la moindre influence. Parmi ces 3,000 Français armés, soumis aux plus rudes travaux, aux privations les plus pénibles, on n'a pas eu, pendant deux ans, le plus léger délit à signaler; rien n'a été dérobé, même au milieu des plus pressants besoins; et ces hommes, si braves sur le champ de bataille, font aussi, dans l'intérieur, l'admiration des habitants par l'ordre et la bonne conduite dont ils ne cessent de donner l'exemple.

Pour des esprits non prévenus, un fait aussi frappant ne peut laisser de doutes sur les motifs qui les font agir. Puisse, messieurs, la nouvelle intervention de la France et de l'Angleterre ramener la paix dans ces malheureuses contrées! Ce vœu est celui de tous les résidents français des bords de la Plata autant que le nôtre; et, le jour où, en se retirant, un ennemi barbare et sans foi cessera de mettre obstacle au rétablissement de l'ordre et de la tranquillité, on les verra, comme au commencement de 1839, déposer avec empressement leurs armes, et reprendre leurs habitudes paisibles et laborieuses.

Il nous semble, messieurs, que cet exposé démontre avec la dernière évidence,

1° Que l'émigration française sur les rives de la Plata avait imprimé à notre commerce dans ces contrées un élan digne d'éveiller l'attention de nos hommes d'état;

2° Que cependant les avantages déjà obtenus, ceux plus grands encore que promettait l'avenir, ne peuvent se maintenir et se développer si ceux qui contribuent le plus à faire fleurir ce commerce peuvent être constamment en butte aux traitements les plus barbares, aux spoliations les plus violentes et les plus iniques ; car il n'y a pas de commerce important et régulier possible sans sécurité ;

3° Que les prises d'armes, que des esprits prévenus, mal informés, sinon malintentionnés, reprochent à nos compatriotes, n'ont eu lieu que dans des cas d'impérieuse nécessité et de légitime défense, et sur l'appel des autorités françaises elles-mêmes ; qu'ils les quitteront de grand cœur le jour où on leur prouvera qu'ils peuvent le faire sans danger ; qu'ainsi l'on ne pourrait sans injustice s'étayer d'un semblable prétexte pour leur refuser la protection qu'ils ne cessent de réclamer.

Maintenant, messieurs, nous allons mettre sous vos yeux un court résumé de quelques-uns des actes de spoliation dont nous sollicitons la réparation, et dont vous jugerez sans doute qu'il importe de prévenir le retour, pour peu qu'on attache de prix à conserver à notre commerce les marchés du Nouveau-Monde.

Affaire BERGEIRE.

Pendant seize ans, de 1826 à 1842, M. Bergeire a été en butte à des spoliations de tous genres. D'abord, antérieurement au traité du 29 octobre 1840, emprunts forcés sous toutes les formes et sous tous les prétextes : pour l'organisation et la marche des armées en campagne, pour l'expédition de courriers, et jusque pour les rafraîchissements de fêtes données à des officiers, etc., etc. — Réquisitions de guerre en armes, vêtements, équipements, bestiaux, vivres, argent, etc. — Enlèvement en cours de transport de convois importants de marchandises, vendues publiquement sur le marché de Buénos-Ayres, au profit du gouverneur de la province qui les avait fait saisir au passage. Pillage de magasins, non dans des moments de désordre et de trouble, mais par ordre de généraux en chef.

Puis, postérieurement au traité conclu par le ministre de France, M. le baron de Mackau (traité qui du moins, sous le rapport des personnes et des propriétés, devait garantir aux Français le traitement de la nation la plus favorisée), encore des emprunts forcés, des réquisitions, c'est-à-dire de véritables confiscations, commises par les chefs mêmes des armées de Rosas, dans l'année qui suivit la signature du traité.

Ainsi, cette affaire, commencée par des déprédations qui se suc
cèdent sans mesure et sans pudeur, se termine par la violation fla-
grante d'un traité qui venait d'être signé.

Les réclamations de M. Bergeire, justifiées par des documents
irrécusables, s'élèvent en capital à la somme de 61,283 piastres
fortes 5 1/2, dont 58,473 piastres f^{es} 5 1/2 antérieures au traité
du 29 octobre, et 2,910 piastres f^{es} (plus de 15,000 fr.) postérieures
à ce traité.

Sur cette somme, M. Bergeire a reçu par la Commission française chargée de la répartition des indemnités payées par Rosas,
7,028 piastres imputables sur la valeur d'un convoi de marchandises
enlevé par le gouverneur de Santiago del Estero, qui en fit vendre
une grande partie sur le marché de Buénos–Ayres. Il lui reste donc
dû en capital, 54,355 piastres fortes 5 1/2 qui, au pair de 5 francs
35 c. pour une piastre, correspondent à 290,803 francs.

AFFAIRE GASCOGNE.

Établi depuis 1833 à Bahia–Blanca, province de Buénos–Ayres,
M. Gascogne y avait fondé la maison de commerce la plus impor-
tante du pays, ainsi que des établissements ruraux et industriels. En
septembre 1838, six mois après la déclaration du blocus, pour s'être
abstenu de concourir à une orgie politique, où les injures les plus
grossières, accompagnées de cris de mort, étaient proférées contre
les Français en général et contre le roi Louis–Philippe lui-même,
on fit fermer les établissements de M. Gascogne; on le jeta en prison où on le retint cinq mois, au bout desquels on lui enjoignit de
réaliser sa fortune et de quitter le pays. En même temps on annu-
lait les ventes qu'il opérait, on maintenait tous ses biens sous le
séquestre, et on lui refusait le passe-port sans lequel il ne pouvait
voyager.

Après un an révolu de persécutions de plus en plus iniques et
violentes, convaincu que sa vie même n'était plus en sûreté, M. Gascogne réussit à s'évader, mais en abandonnant tout ce qu'il possédait. Il se réfugia à Montevideo.

Aussitôt que la signature du traité du 29 octobre 1840 lui permit
de retourner à Buenos-Ayres, il se présenta à la Commission chargée du
règlement des indemnités. Ses réclamations n'étaient pas susceptibles
de contestation, car dans tout ce qu'il a avancé, il n'est pas un fait,

pas un chiffre qui ne soit justifié par un document authentique, irré-
cusable, émanant de ceux-là même qui l'ont dépouillé et persécuté.

Dans la répartition des indemnités payées par le gouvernement
argentin, M. Gascogne ne fut compris que pour une somme de
7,000 piastres, parce que la Commission mixte, dans un de ses pro-
tocoles sous le n° 14, avait arrêté qu'il serait remis *en possession de
ses biens et du libre exercice de son industrie.*

Quand il se présenta pour réclamer l'exécution de cette disposi-
tion, consentie par les commissaires argentins eux-mêmes, on lui
répondit par un décret qui lui défend de retourner aux lieux où
sont situées ses propriétés et d'y avoir aucun établissement de commerce.

Voilà comment le gouvernement du général Rosas entend l'exécution des traités et des engagements souscrits en son nom par ses
propres mandataires.

Le gouvernement argentin ayant refusé de lui restituer ses biens,
M. Gascogne demande qu'on lui en rembourse la valeur, justifiée,
pour les valeurs mobilières par des inventaires, pour les immeubles
par les quittances mêmes des contributions.

Les pertes justifiées par M. Gascogne s'élevaient en capital à
37,650 piastres f^es. Il a reçu à valoir 7,000 piastres; resterait 30,650
piastres f^es, qui, à 5 fr. 35 c. pour une piastre, représentent 163,977
francs 50 c., non compris le juste dédommagement pour sept années
de privation de ses capitaux et des frais considérables que lui ont oc-
casionnés la nécessité de se soustraire aux persécutions auxquelles il
était en butte et la poursuite de ses réclamations.

Victime d'abord d'actes de violence et de spoliation qui semble-
raient fabuleux s'ils n'étaient constatés par des preuves irrécusables,
M. Gascogne l'est encore de l'inexécution du traité du 29 octobre
1840, scandaleusement violé à son égard quelques mois après sa
promulgation.

Affaire HENRI et JEAN ROQUE.

Les deux frères Roque, établis depuis l'année 1824 à Cordova,
chef-lieu de la province de ce nom, s'y étaient concilié l'estime
générale. Les persécutions commencèrent aussi pour eux peu après
la déclaration du blocus.

Henri Roque était possesseur d'un établissement rural dans le voisinage de la ville : on lui suscita des chicanes telles, qu'il fut réduit à l'abandonner en sacrifiant tout ce qu'il lui avait coûté.

Le 17 septembre 1840, l'armée buenos-ayrienne, victorieuse du général Lavalle, entra à Cordova. Les frères Roque, demeurés étrangers à la lutte, se croyaient en sûreté chez eux. Il n'en était rien pourtant : ils furent en butte aux plus cruels traitements. L'un d'eux (Jean) fut entraîné hors de la ville pour être fusillé, lorsqu'un ordre inespéré vint le soustraire au supplice. Rendu à sa famille, il espérait être au terme de ses persécutions, quand le 3 janvier 1841 (qu'on veuille bien remarquer l'époque), c'est-à-dire le troisième mois après la promulgation d'un traité qui promettait aux Français le traitement de la nation la plus favorisée, et par conséquent la sécurité des personnes et des propriétés, Jean Roque est de nouveau arrêté et jeté dans un cachot infect, d'où il ne parvint à sortir qu'en payant à un officier argentin une rançon de 200 piastres f^{es} (un peu plus de 1,000 francs).

A peine hors de ce danger, de nouvelles perquisitions furent faites pour se saisir de Henri Roque, qui jusque-là avait pu échapper à ces poursuites. C'est alors que ces malheureux frères, convaincus qu'on en voulait non-seulement à leur fortune, mais à leur existence, se décidèrent à prendre la fuite. Ils franchirent péniblement la Cordilière et se réfugièrent au Chili.

A peine eurent-ils quitté Cordova, que, bien qu'ils y eussent laissé femmes et enfants, bien que la législation eût aboli la confiscation, tout ce qu'ils possédaient fut confisqué.

La justification de leurs pertes a été déposée à la légation de France à Buenos-Ayres et a dû être transmise au ministère des affaires étrangères. Elles s'élèvent à 58,053 piastres f^{es} 3 réaux, correspondant à 310,583 francs. Toutes leurs démarches pour obtenir la réparation de semblables iniquités ont été jusqu'ici complétement infructueuses.

Dans cette affaire, comme dans les précédentes, ce sont encore des persécutions sans motifs et sans excuses, d'odieuses spoliations exercées en violation manifeste d'un traité qui venait à peine d'être signé.

Affaire MUTEL, pharmacien a Buenos-Ayres.

M. Mutel avait pris à l'escompte une lettre de change de 108 onces d'or (environ 9,072 francs) échéant au 15 novembre 1840 (époque remarquable encore, dix-sept jours après la signature du traité de M. de Mackau). L'accepteur, Don Lucas Gonzalez, possesseur d'une fortune évaluée à plusieurs millions de piastres, avait été égorgé peu de temps avant comme *sauvage unitaire*. Le tireur s'était enfui pour échapper à un sort pareil qui lui était réservé, et tout ce que l'un et l'autre possédait fut confisqué par le gouvernement du général Rosas. Il était donc de toute justice qu'il acquittât leurs dettes.

Ce principe n'a pas été contesté à l'égard d'un Nord-Américain, envers qui sans doute on aura cru prudent d'user de ménagements dont on juge pouvoir se dispenser s'il ne s'agit que d'un Français.

On lit en effet dans le journal officiel de Buenos-Ayres du 1er janvier 1841 :

« Payé à D. Samuel B. Hale, pour l'équivalent de cent onces d'or d'une lettre de change échue et acceptée par le sauvage unitaire Lucas Gonzalez, 34,500 piastres papier de Buenos-Ayres. »

Il résulte donc de ce document officiel, authentique, que M. Hale, Nord-Américain, a touché sans difficulté, au mois de décembre 1840, sur les biens confisqués de Lucas Gonzalez, le montant d'une lettre de change de cent onces d'or ; tandis que M. Mutel, Français, dans des circonstances parfaitement identiques, poursuit vainement depuis plus de quatre ans le remboursement d'une lettre de change souscrite par les mêmes individus et échue à la même époque.

Peut-on violer plus ouvertement un traité à peine signé ? Peut-on afficher plus clairement le peu de cas qu'on fait de la puissance française ?

AFFAIRE DE SEPT FRANÇAIS ACTIONNAIRES DE LA SOCIÉTÉ RURALE ARGENTINE.

MM. Favier (Auguste), propriétaire de		125 actions.
de Choudens (Louis),	—	20
Labrue (Guillaume),	—	16
Meyer (Joseph),	—	21
Héritiers Cramer,	—	6
Lecerf (Pierre),	—	2
Varangot (Jean-Pierre),	—	100
Total.		290 actions.

En 1826, une Société anonyme par actions se constitua à Buenos-Ayres, avec l'autorisation du gouvernement, pour l'établissement d'une grande exploitation rurale. Les actions étaient négociables et payables au porteur. C'est à ces titres que le gouvernement lui-même se rendit actionnaire dans le principe et réalisa plus tard ses actions.

Au mois d'octobre 1840 (qu'on veuille bien encore remarquer cette époque), au moment où Rosas signait avec M. le baron de Mackau un traité qui garantissait aux résidents français la sécurité des personnes et des propriétés, Rosas faisait séquestrer tous les biens de la Société rurale, sans distinction des sociétaires nationaux ou français.

Cette confiscation qui, sous quelque point de vue qu'on l'envisage, serait déjà par elle-même une monstrueuse iniquité, acquiert un caractère doublement odieux par les circonstances qui s'y rattachent.

La Société avait été fondée librement par des actionnaires qui y ont consacré leurs capitaux sous la garantie des lois, de la probité publique et de l'autorisation du gouvernement, actionnaire lui-même aux mêmes titres que les autres sociétaires et sans aucun privilége.

En 1832, le gouvernement, éprouvant des besoins d'argent, vendit ses actions de la Société rurale, dans laquelle dès lors il avait cessé d'avoir aucun intérêt. C'était pendant la première administration du général Rosas, et c'est ce même Rosas qui, comme chef de l'État, confisque en 1840 une propriété dont lui-même avait fait vendre en 1832 la portion appartenant légalement au gouvernement.

En 1833, Rosas, alors gouverneur, rend un décret qui abolit à jamais la confiscation, et c'est lui qui, en 1840, confisque les biens, non-seulement de ses compatriotes qu'il suppose, à tort ou à raison, opposés à sa politique barbare, mais encore d'étrangers auxquels il vient de garantir par un traité la sécurité de leurs personnes et de leurs propriétés.

M. Favier, propriétaire de 125 actions et président de cette Société, réclama immédiatement la mainlevée du séquestre au nom de tous les intéressés : il s'adressa d'abord au juge de paix du canton où est située la propriété. La réponse de celui-ci semblerait incroyable si rien pouvait surprendre de la part de l'homme qui opprime depuis quinze ans ce malheureux pays. Il dit :

« Qu'il a reçu du gouvernement l'ordre de séquestrer les pro-
« priétés des unitaires, et que la Société n'ayant rien fait pour
« l'*illustre restaurateur des lois, général D. Manuel Rosas*, comme
« tout bon fédéral doit le faire, en dénonçant les actionnaires qui
« ne le sont pas, il avait cru devoir frapper de séquestre les pro-
« priétés de la Société, avec d'autant plus de motifs, que le général
« Alzaga, qui faisait partie de la Société, était déjà frappé de sé-
« questre dans ses propriétés particulières, etc. »

Il n'y avait pas à discuter, car un pouvoir qui a recours à de pareils
arguments est d'avance bien résolu à ne pas écouter le langage de
la raison et de la justice. M. Favier, dans l'impossibilité de faire
respecter les droits de la Société entière, dont les actions appartien-
nent en grande majorité à des Argentins, crut devoir se renfermer
dans la réclamation de ses droits individuels.

Il n'a pas été plus heureux dans cette direction donnée à ses démarches, et les difficultés qu'on lui oppose ne sont pas moins extraor-
dinaires que les prétextes allégués pour la confiscation entière des
biens de la Société.

Le décret constitutif de cette Société consacre, dit-on, *entre les
actionnaires le principe de la solidarité.*

On conçoit la solidarité des actionnaires d'une entreprise com-
merciale ou industrielle quelconque pour tout ce qui a trait aux
affaires spéciales de cette entreprise, au payement de ses obligations,
à la juste réparation des dommages qu'elle eût pu causer ; mais
étendre cette solidarité aux opinions politiques réelles ou supposées,
confisquer la fortune de M. Favier, Français respectable et inoffensif,
réduire sa famille à la misère parce qu'il a plu au dictateur Rosas de
déclarer unitaire le général argentin Alzaga, dont il a confisqué les
autres propriétés ; n'est-ce pas recourir au comble de l'absurdité
pour colorer l'injustice poussée jusqu'au cynisme ?

Toutes les raisons alléguées par le dictateur pour justifier de tels
actes sont de la même force.

Il serait difficile d'établir, avec une rigoureuse exactitude, l'évaluation des préjudices causés aux actionnaires français par cette
scandaleuse confiscation ; mais on peut en présenter l'appréciation
très-approximative.

D'abord, lors de la constitution de la Société, le prix des actions
fut fixé à 200 piastres fortes (soit 1,070 francs) ; conséquemment

les 290 actions des réclamants ont coûté, lors de leur création, 58,000 piastres fortes, ou 310,300 francs.

Le nombre des actions émises étant de 1,812, le capital social était donc, à l'origine, de 362,400 piastres fortes, soit 1,938,840 f.

Si le séquestre n'eût pas eu lieu, au 30 juin 1841, l'actif de la Société eût dû se composer comme suit :

112 lieues carrées de terrain. . . à 20,000 p.			2,240,000 p.
200,000 têtes de bœufs, vaches, et veaux à	30		6,000,000
25,000 moutons. . . . . à	5		125,000
15,000 juments et poulains. . . . . à	15		225,000
686 chevaux. . . . . à	40		27,400
Maisons, clôtures, matériel, bœufs de travail, magasin, etc.			200,000
Total [1].			8,817,440 p.

qui, au cours de l'époque, de 32 centimes pour
une piastre courante, représentent. . . . 2,821,580 f. 80 c.

Pour ceux qui ont quelques notions des établissements de ce genre, cette évaluation sera reconnue on ne peut plus modérée, et pour la réduire ainsi, il faut faire une large part aux obstacles qu'oppose à la prospérité du pays le joug de fer qui l'écrase.

Cet aperçu porte la valeur de chaque action à 4,866 piastres courantes, ou à 1,557 francs ; d'où il résulte que les Français actionnaires de cette entreprise ont été arbitrairement dépouillés des valeurs suivantes :

MM. Favier	pour 125 actions		194,625 fr.
de Choudens . . . . :	— 20	—	31,140
Labrue.	— 16	—	24,912
Meyer.	— 21	—	32,697
Les héritiers Cramer . . .	— 6	—	9,342
Lecerf.	— 2	—	3,114
La famille Varangot.	— 100	—	155,700
Total.	pour 290 actions		451,530 fr.

A quoi il y aurait à ajouter le juste dédommagement de la privation depuis 1840 d'un capital qui, en temps ordinaire, par la reproduction naturelle du bétail, produit annuellement au moins 30 pour cent.

Cette fois encore, le traité du 29 octobre 1840 a été audacieuse-

[1] Il s'agit ici de piastres papier, monnaie courante de Buenos-Ayres.

ment violé, au moment même où il venait d'être signé. Mais une circonstance digne de remarque donne à cette odieuse spoliation un caractère plus particulièrement outrageant pour la France.

Le gouverneur Rosas, qui, après avoir en 1833 solennellement aboli la confiscation, fait actuellement, avec tant de rigueur et sur une si vaste échelle, l'application d'un principe justement réprouvé par tout le monde civilisé, a séquestré d'autres établissements du même genre que la Société rurale ; mais il a trouvé intéressés dans quelques-uns d'entre eux des Anglais et des Nord-Américains : il s'est bien gardé de confisquer leurs parts et de tenter de les soumettre à ce principe de solidarité, dont il fait à nous autres Français une si étrange application. Ceux-là ont obtenu ou la gestion des établissements, ou leur liquidation. En sorte qu'il respecte les propriétés des Anglais et des Américains du Nord, parce qu'il sait que les gouvernements des États-Unis et de l'Angleterre ne toléreraient pas la spoliation de leurs nationaux ; mais il dépouille audacieusement et sans garder aucune mesure les résidents français , parce qu'il compte sur la longanimité, pour ne pas dire la faiblesse de la France.

Nous livrons sans autre commentaire, messieurs, ce parallèle à votre appréciation ; nous nous bornerons à exprimer l'espoir qu'on tirera bientôt Rosas de cette erreur, en lui prouvant que la France sait se faire respecter non moins que les autres grandes puissances.

Affaire VARANGOT.

Dans l'article qui précède, nous avons cité le malheureux Varangot parmi les actionnaires de la Société rurale. Avant que le séquestre de cet établissement fût connu, Varangot tombait inhumainement égorgé par les sicaires du dictateur. Ce crime, exécuté avec une férocité inouïe, fut commis le 19 octobre 1830, pendant que le traité se négociait à bord d'un navire de guerre français et sous le pavillon national ! !

Quand notre plénipotentiaire en manifesta son indignation et demanda des explications, on se borna à contester la nationalité de Varangot, et, jusqu'à présent, cette affaire n'a pas eu d'autres suites que la ruine d'une famille honorable.

Varangot était un vieillard septuagénaire, jouissant de l'estime générale, et faisant un digne usage d'une fortune honorablement acquise. Sa qualité de Français a été irrécusablement constatée ;

mais, à quelque nation qu'il eût pu appartenir, un crime aussi atroce devait-il demeurer impuni?

Des valeurs importantes ont été pillées chez cet infortuné au moment où on l'arracha à sa famille pour l'entraîner au supplice. Nous n'en parlons ici que pour mémoire, parce que nous n'avons pu en connaître le chiffre. Avant ce crime, Rosas s'était déjà emparé de la Mulita, estancia depuis longtemps la propriété de Varangot.

Les citations précédentes doivent suffire, messieurs, pour vous mettre à même d'apprécier la position des résidents français sur le territoire de la République Argentine. Dans les autres cas que nous avons encore à vous citer, les actes portent toujours à peu près le même caractère. C'est toujours la même rapacité, la même absence de tout principe de raison et d'équité, le même abus de la force brutale envers des malheureux qu'on juge pouvoir dépouiller et persécuter impunément; le même mépris de la puissance française, parce que ces hommes-là ne comprennent pas l'alliance de la modération et de la générosité à la force, et qu'ils ne respectent que ceux qui savent se faire craindre.

Nous nous bornerons donc à vous présenter, en terminant, une nomenclature succincte de quelques-unes des victimes d'un système de déprédations organisé, vous le voyez, sur une assez vaste échelle. Vous jugerez ensuite, messieurs, s'il importe aux intérêts et à la dignité de la France d'en exiger la réparation pour le passé, et d'en prévenir le retour pour l'avenir.

Affaire AUGUSTE LACROIX.

Au mois de juillet 1841 (huit à neuf mois après la signature du traité), un corps de troupes fédérales lui enlève un convoi de marchandises d'une valeur de 2,233 piastres fª 5 réaux, soit 11,950 fr., et le conduit au gouverneur de la province de la Rioja.

Un certificat de ce gouverneur constate que « ces marchandises ayant été distribuées aux troupes, n'ont pu être rendues à l'intéressé, comme on eût dû le faire si elles eussent existé, attendu que Lacroix est Français, et qu'il est constant qu'il n'a pris aucune part aux discussions politiques »; et il le recommande à l'*illustre restaurateur des lois* D. Juan-Manuel Rosas, qui ne fait pas plus droit à cette réclamation qu'à toutes les autres.

Affaire THOMAS ROUSSE , négociant a buénos-ayres.

Au mois de février 1840, il a acheté à Buénos-Ayres deux maisons qui lui ont coûté 20,500 piastres fortes (109,675 fr.). Elles
ont été séquestrées presque immédiatement; et depuis lors il ne peut
ni jouir de ses propriétés, ni même en toucher les loyers.

Un convoi de navires va au Paraguay avec l'autorisation de Rosas ;
au retour, par la faute des chefs des troupes argentines, le convoi, en
descendant le Parana, est capturé par une flottille montévidéenne.
Peu de jours après, il est repris par l'escadre de Buénos-Ayres, commandée par Brown, qui veut faire considérer comme capturés sur
l'ennemi, et de bonne prise, des navires pourvus d'expéditions argentines. Les tribunaux font justice de cette absurde prétention ; mais
comme leurs décisions sont subordonnées à la sanction du dictateur,
qui ne l'a pas donnée, M. Rousse, depuis plus de deux ans, se trouve
encore privé d'une valeur d'environ 12,000 piastres fortes (64,200 f.),
pour laquelle il est intéressé dans cette expédition.

Affaire BERTRAND BASCARY, propriétaire d'une tannerie et d'un établissement rural a tucuman.

Antérieurement à la rupture avec la France, le gouverneur de
Tucuman, Ibarra, et le général Quiroga avaient déjà pris à Bascary
des marchandises pour une valeur de 4,393 piastres fortes; mais en
septembre 1841 (onze mois après le traité), l'armée de Rosas, commandée par Oribe, entra à Tucuman à la poursuite de Lavalle : les
établissements de Bascary furent envahis ; lui-même, menacé de
mort, fut réduit à s'enfuir, et tout ce qu'il possédait fut confisqué.
Le compte qu'il en a déposé à la légation de France, à Buénos-Ayres,
s'élève à 23,134 piastres fortes, qui, jointes aux 4,393 antérieures,
forment un total de 27,527 piastres fortes, soit environ 147,000 fr.

Affaire PIERRE ETCHÉVERRY, propriétaire d'une petite es- tancia a coronda, province de santa—fé, ou il avait établi en outre un magasin de diverses marchandises.

Antérieurement à 1840, il avait été en butte à bien des exac-
tions. A la date du 20 septembre, il fut violemment enlevé de chez
lui, son établissement fut pillé. Quinze jours après, son commis,
Pierre Béhéréborde, Français comme lui, fut inhumainement assas-

siné. L'état, tel qu'il a été déposé, en 1841, à la légation française, évalue ces pertes à 58,000 fr. Enfin, après la conclusion du traité du 29 octobre 1840, deux généraux de Rosas, Oribe et Pacheco, achevèrent de dépouiller ce malheureux de tout ce qu'il possédait.

L'état de ses pertes, montant à 11,409 piastres fortes (environ 61,000 fr.), a été remis aussi à la légation française de Buénos-Ayres.

Enfin, pour la troisième fois, en 1843, ce malheureux a été réduit à la mendicité par une nouvelle spoliation évaluée à peu près à 6,000 piastres fortes (32,100 fr.).

AFFAIRE AUGUSTE FAUÇON, PROPRIÉTAIRE D'UNE PETITE ESTANCIA ET D'UNE MAISON A SAN-PEDRO, PROVINCE DE BUÉNOS-AYRES.

Pendant la guerre civile qui désolait ce pays en 1840, il fut forcé de fuir. Il était à Cordova lorsqu'il apprit la conclusion du traité de M. de Mackau. Il s'empressa de solliciter un passe-port pour retourner à Buénos-Ayres. Au lieu de l'y laisser revenir, on l'y ramena, garrotté sur un cheval, en l'accablant des plus cruels traitements. On le jeta en prison, lui et son fils, âgé de onze ans. Quand au bout de deux mois on lui rendit la liberté, tout ce qu'il possédait avait été pillé.

Sur la réclamation du chargé d'affaires de France, le ministre de l'intérieur, au nom du gouverneur, délivra un ordre portant qu'*en conséquence du traité conclu avec la France, tous les biens que possédait Auguste Fauçon devaient lui être rendus.* — Malgré cet ordre et la justice de sa réclamation, ce malheureux n'a rien pu obtenir, et pour subvenir aux besoins de sa nombreuse famille, il s'est vu réduit à se placer comme simple ouvrier.

Ses pertes s'élèvent à une valeur de 40,000 fr.

AFFAIRE LÉGER, SERRURIER A CORDOVA, ET PROPRIÉTAIRE D'UN ÉTABLISSEMENT RURAL.

Lorsque Oribe, général en chef des troupes de Rosas, s'empara de Cordova, il fit enlever Léger, qu'on emmena de force à son camp, où on le retint plusieurs mois pour lui faire ferrer les chevaux de l'armée. Pendant ce temps-là, on confisquait son estancia, on le dépouillait de tout ce qu'il possédait.

Ces spoliations sont postérieures à la signature du traité ; l'état en a été déposé à la légation de France à Buenos-Ayres : il s'élève à 12,887 piastres fortes, ou 68,940 fr.

Affaire LEBAS, négociant établi a Tucuman.

Lors de l'entrée à Tucuman de l'armée buénos-ayrienne, commandée par Oribe, sous le prétexte supposé que Lebas était associé d'un *unitaire*, tout ce qu'il possédait fut confisqué. L'état de ses pertes est aussi déposé à la légation française de Buenos-Ayres : il s'élève à 39,500 piastres fortes (212,000 fr.).

L'article capital de cette réclamation se compose des marchandises confisquées, dont l'appréciation, justifiée par Lebas, est de 50,000 piastres fs. Il y a lieu de croire que cette évaluation n'a rien d'exagéré, puisque l'inventaire dressé par les agents spoliateurs de Rosas eux-mêmes en porte la valeur à 15,000 piastres fortes.

Affaire THÉODORE IFFLAND, aubergiste a buenos-ayres.

Le 25 mai 1843, entre dix et onze heurés du soir, la maison d'Iffland fut envahie par des *serenos* (gardes de nuit), d'autres agents de la police et des patrouilles de milice avec leurs sous-officiers, au nombre de 34 individus. Ceux-ci se précipitèrent d'abord sur Iffland, qu'ils frappèrent à coups de sabre et de bâton jusqu'à le laisser pour mort. Ils attaquèrent ensuite dans leurs lits plusieurs individus qui logeaient dans la maison, dont trois furent ou tués sur place ou mortellement blessés. La maison fut ensuite mise au pillage.

Les pertes éprouvées par Iffland, dans cette circonstance, s'élèvent, suivant l'état déposé à la légation française, à 22,811 piastres 4 réaux, papier-monnaie, environ 7,500 fr., sans tenir compte de la destruction de son établissement, de son emprisonnement, et des blessures qui ont mis sa vie en danger.

Affaire BEAUDEIN, propriétaire d'un établissement rural dans la province de santa-fé.

Les réclamations de Beaudein, pour une somme de 78,000 fr., pour pertes antérieures au traité de 1840, ayant été une première fois écartées, sans rien préjuger sur les motifs qu'il peut avoir d'y persister et de les reproduire plus tard, nous ne parlerons ici que de celles postérieures audit traité.

Beaudein, en réunissant ses dernières ressources, et à l'aide d'emprunts, était parvenu à repeupler de bétail son estancia. En

1842, l'armée buenos-ayrienne, sous les ordres d'Oribe, vint camper près de là et consomma la ruine du malheureux Beaudein, en lui enlevant encore tout son bétail, et en dévastant complétement son établissement.

Cette nouvelle réclamation, déposée aussi à la légation de France, s'élève à 10,074 piastres fortes, environ 54,000 fr.

Nous pourrions pousser plus loin cette nomenclature, qui, bien qu'elle comprenne déjà plus de vingt familles ruinées, est loin de vous présenter le tableau complet des victimes de ce système organisé de spoliation : combien n'en est-il pas d'autres qui, n'ayant pas encore tout perdu, craignant de compromettre le peu qui leur reste et jusqu'à leur existence, préfèrent encore souffrir en silence, tant surtout qu'elles ne voient pas la France prendre une attitude propre à réprimer et à arrêter de semblables excès !

D'autres encore, commerçants ou négociants, entravés dans leurs opérations commerciales, n'ont pu souvent, par cela même, faire honneur à leurs engagements en France. Un grand nombre de cette classe de réclamants se sont adressés à nos autorités, mais sans résultat. Nous ne citerons qu'un seul exemple.

MM. PORTAL FRÈRES, NÉGOCIANTS A BUENOS-AYRES ET A MONTEVIDEO.

Après le traité du 29 octobre 1840, M. Portal aîné, alors juge au tribunal de commerce d'Elbeuf, alla rejoindre son frère sur les rives de la Plata. Outre la maison de commerce déjà établie à Montevideo, ils en formèrent une nouvelle à Buenos-Ayres.

En mars et octobre 1842, deux navires chargés de marchandises françaises [1] furent expédiés par MM. Portal pour Carrientes.

Les droits de douane furent acquittés à Buenos-Ayres, et rien ne paraissait devoir contrarier leurs opérations. Quelques retours parvinrent sans difficulté ; d'autres allaient suivre, lorsque Rosas, sans aucun avertissement, ferma tout à coup la navigation du Parana.

MM. Portal s'adressèrent d'abord au gouvernement argentin : ils exposèrent qu'ayant été autorisés à faire ces expéditions, il devait au moins leur être permis de recevoir les retours, d'autant plus que les

---

[1] Le commerce de MM. Portal consiste en draps d'Elbeuf. Ces draps obtiennent même maintenant, sur les rives de la Plata, la préférence sur les draps anglais qui, jusqu'en 1841, étaient les seuls admis pour la consommation de la population indigène ou étrangère.

cuirs, formant le chargement de retour, étaient depuis longtemps livrés et emmagasinés. Ne recevant pas une réponse de Rosas, ils s'adressèrent à M. de Lurde ; mais les démarches de ce ministre plénipotentiaire furent tout aussi inutiles.

En 1844, en apprenant que leurs marchandises à Corrientes étaient totalement perdues par le long retard, ils se décidèrent à exposer leur situation à la Chambre de commerce de Paris. La pétition qu'ils envoyèrent à cet effet est du 25 juin 1844, et fut déposée le 18 janvier suivant à cette Chambre, qui, dans l'intérêt du commerce, appela sur cette réclamation l'attention de M. le ministre des affaires étrangères. La perte occasionnée en cette circonstance à MM. Portal s'élève à 160,000 fr.

. Nous ne parlons pas non plus des Français assassinés et dépouillés dans la République orientale depuis que son territoire est envahi par l'armée de Rosas : la liste en serait longue encore.

Quoi qu'il en soit, vous voyez par ce simple exposé, messieurs, que propriétaire, négociant, industriel, artisan, aucun Français, pour peu qu'il possède quelque chose susceptible d'éveiller la cupidité du dictateur ou de ses agents, n'est à l'abri de ces déprédations, accompagnées toujours de cruelles persécutions, de traitements barbares, poussés souvent jusqu'à l'assassinat.

Ces spoliations si multipliées, et si rapprochées de la conclusion du traité, expliquent comment il en a si peu coûté à Rosas pour souscrire à la clause qui lui imposait l'obligation de payer une indemnité aux Français précédemment lésés par lui. En même temps qu'il faisait fixer par une transaction cette indemnité à la somme bien insuffisante d'environ 800,000 francs, ses mesures étaient prises pour la faire payer avec usure à d'autres Français, et en effet les déprédations dont nos nationaux ont été victimes dépassent dix fois cette somme de 800,000 francs.

Vous le croirez facilement, messieurs, car rien que la liste qui précède, tout incomplète qu'elle soit, élève à plus de 2 millions de francs le montant de ces déprédations depuis le 29 octobre 1840.

Messieurs, nous vous avons mis à même d'apprécier l'importance et les progrès prodigieux du commerce français sur les rives de la Plata tant qu'il a pu y jouir d'un peu de liberté et de sécurité. Sa décadence a été plus rapide encore depuis qu'on a laissé prévaloir la puissance destructive du dictateur argentin. Toutefois, l'impulsion de prospérité qu'il avait reçue il y a quelques années lui serait promptement et facilement rendue, sans qu'il fût besoin de recourir à aucun moyen de nature à éveiller les susceptibilités des indigènes ou des autres puissances. Qu'il soit bien établi que la France, en respectant les droits de tous, ne tolérera envers ses nationaux aucune infraction aux traités existants, aucune violation du droit des gens et des principes d'immuable équité qui régissent tout le monde civilisé ; que toute atteinte illégale à la liberté et aux propriétés des Français sera promptement et sévèrement punie si elle n'obtient une réparation convenable : bientôt tout rentrera dans l'ordre, et le pays lui-même n'y gagnera pas moins que notre commerce et que les résidents français.

Nous croyons vous l'avoir démontré jusqu'à l'évidence, messieurs, les réclamations que nous avons l'honneur de vous soumettre embrassent une triple question de justice et d'humanité, de dignité nationale et d'importants intérêts matériels pour la France. Quelque sombre qu'il soit, nous avons bien plutôt adouci qu'exagéré le tableau de nos pertes, de nos souffrances, des outrages prodigués journellement à la nation française, à ses agents et à son gouvernement, des préjudices causés à notre commerce. Qu'il nous soit donc permis d'espérer, messieurs, que vous ne dédaignerez pas d'employer votre puissante influence à faire cesser un état de choses non moins blessant pour notre légitime amour-propre national que préjudiciable aux intérêts de notre patrie.

Par procuration de Jean-Baptiste Bergeire, — Henri Roque, — Jean Roque, — Jean-Madeleine-Auguste Favier et des actionnaires français de la Société rurale, — Jean-Baptiste Mutel, — Auguste Lacroix, — Bertrand Bascary, — Pierre Etcheverry, — Auguste Fauçon, — François Léger, — Jean-Baptiste Lebas, — Théodore Iffland, — Pierre Beaudein, et de quelques autres réclamants français,

J. LE LONG.

Par procuration de MM. Portal frères,

Eugène PORTAL.

Pour ce qui m'est personnel,

P. GASCOGNE.

Imprimerie de HENNUYER et TURPIN, rue Lemercier, 24. Batignolles.

www.ingramcontent.com/pod-product-compliance
Ingram Content Group UK Ltd.
Pitfield, Milton Keynes, MK11 3LW, UK
UKHW020110100726
13658UKWH00005B/2072